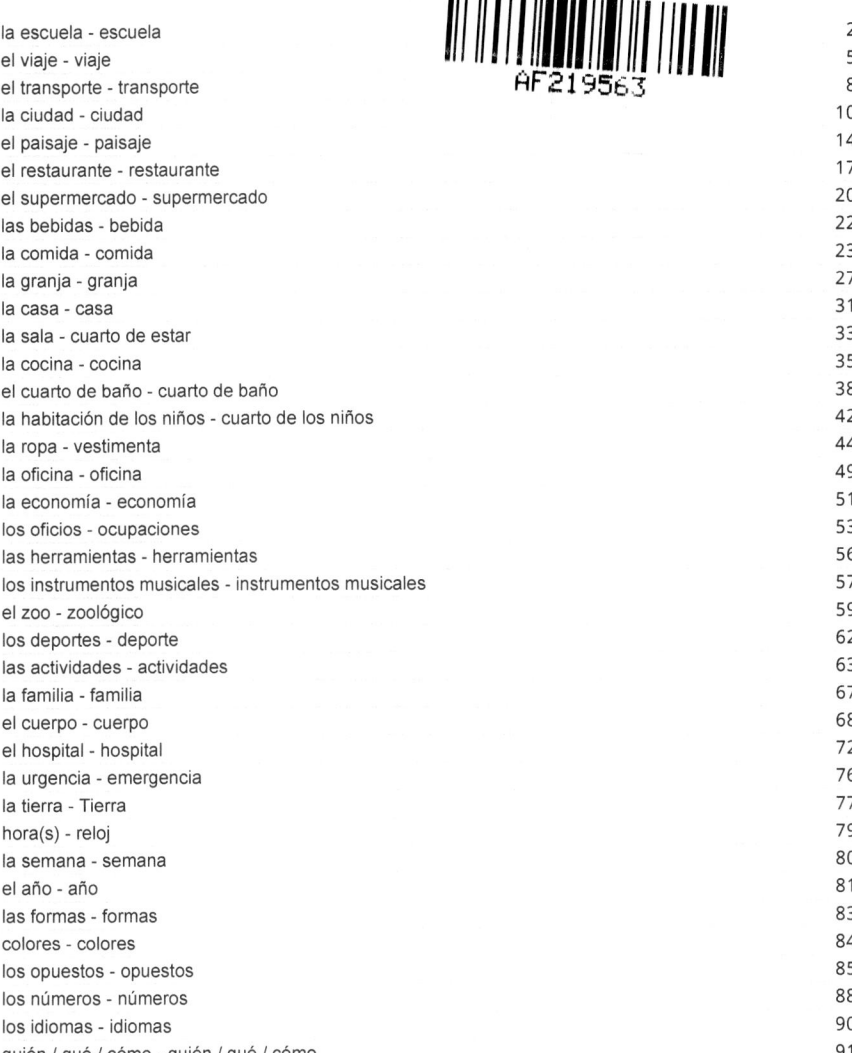

Impressum
Verlag: BABADADA GmbH, Nedderfeld 112 , 22529 Hamburg
Geschäftsführer / Verlagsleitung: Harald Hof
Druck: Books on Demand GmbH, In de Tarpen 42, 22848 Norderstedt

Imprint
Publisher: BABADADA GmbH, Nedderfeld 112 , 22529 Hamburg, Germany
Managing Director / Publishing direction: Harald Hof
Print: Books on Demand GmbH, In de Tarpen 42, 22848 Norderstedt, Germany

la escuela
escuela

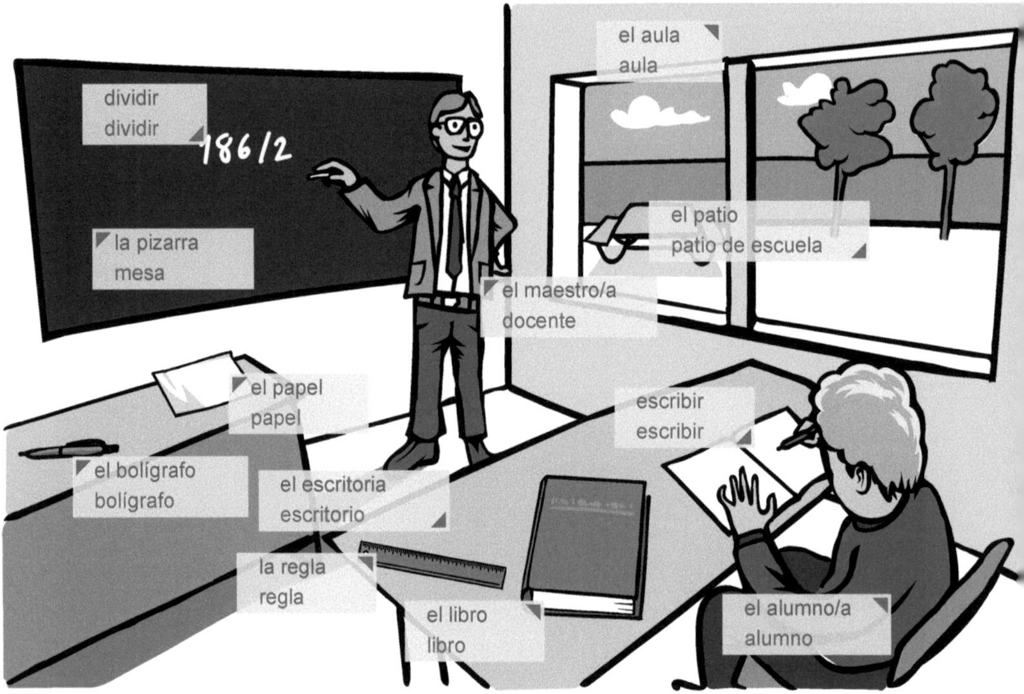
el aula
aula
dividir
dividir
186/2
la pizarra
mesa
el patio
patio de escuela
el maestro/a
docente
el papel
papel
escribir
escribir
el bolígrafo
bolígrafo
el escritoria
escritorio
la regla
regla
el libro
libro
el alumno/a
alumno

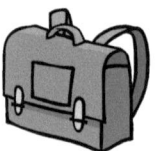

la cartera

mochila escolar

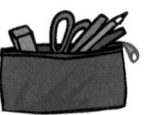

la caja de lápices

caja de lápices

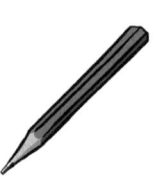

el lápiz

lápiz

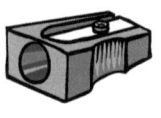

el sacapuntas

sacapuntas

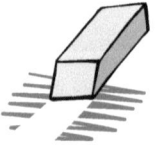

la goma de borrar

goma de borrar

el cuaderno de dibujo

bloc de dibujo

el dibujo

dibujo

el pincel

pincel

la caja de pinturas

caja de pinturas

las tijeras

tijera

el pegamento

pegamento

el cuaderno de ejercicios

libro de ejercicios

los deberes

tarea

el número

número

sumar

sumar

restar

restar

multiplicar

multiplicar

calcular

calcular

la letra

letra

el alfabeto

alfabeto

la palabra

palabra

el texto

texto

leer

leer

la tiza

tiza

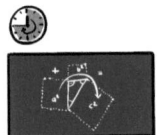

la lección

lección

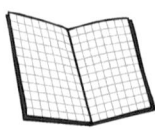

el cuaderno de notas

libro de clase

el examen

examen

el certificado

certificado

el uniforme

uniforme escolar

la educación

educación

la enciclopedia

enciclopedia

la universidad

universidad

el microscopio

microscopio

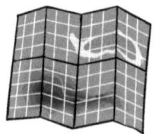

el mapa

mapa

la papelera

cesto de papeles

el viaje

viaje

el hotel
hotel
Grand
el albergue
albergue
ROOMS
oficina de cambio de divisas
sa de cambio
la maleta
maleta
el coche
auto

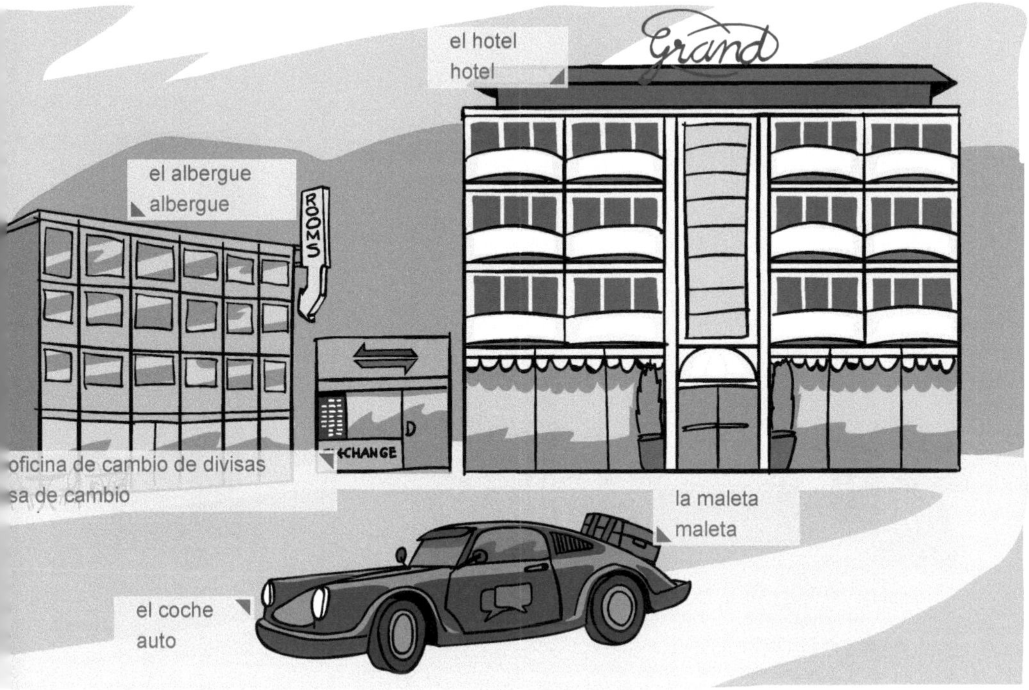

el idioma

idioma

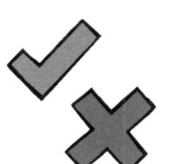

sí / no

sí / no

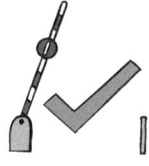

Vale

ok

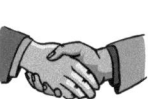

hola

hola

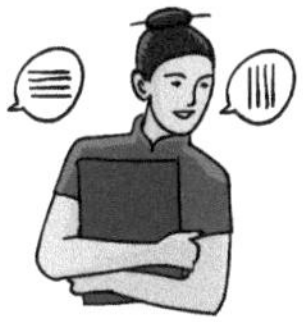

el traductor

intérprete

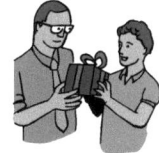

Gracias

gracias

¿cuánto es...?

¿Cuánto cuesta...?

No entiendo

No entiendo

el problema

problema

¡Buenas tardes!

¡Buenas tardes!

¡Buenos días!

¡Buenos días!

¡Buenas noches!

¡Buenas noches!

adiós

adiós

la dirección

dirección

el equipaje

equipaje

la bolsa

bolso

la mochila

mochila

el invitado

invitado

la habitación

cuarto

el saco de dormir

saco de dormir

la tienda de campaña

tienda de campaña

la información turística

información al turista

la playa

playa

la tarjeta de crédito

tarjeta de crédito

el desayuno

desayuno

el almuerzo

almuerzo

la cena

cena

el billete

pasaje

el ascensor

ascensor

el sello

sello

la frontera

límite

la aduana

aduana

la embajada

embajada

la visa

visa

el pasaporte

pasaporte

el transporte

transporte

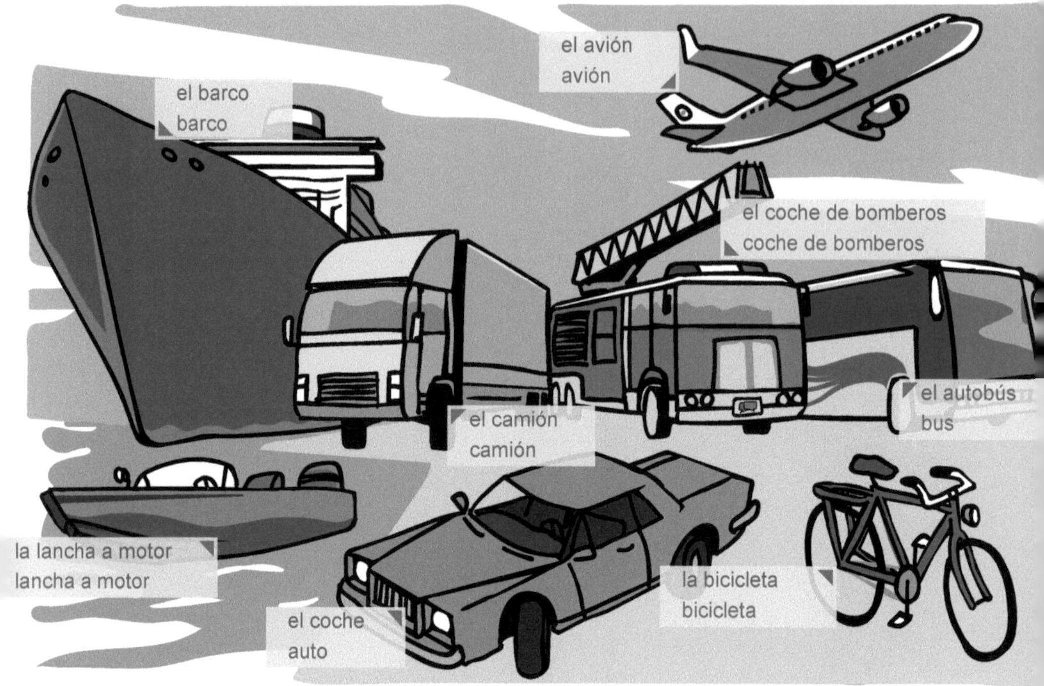

el avión
avión
el barco
barco
el coche de bomberos
coche de bomberos
el autobús
bus
el camión
camión
la lancha a motor
lancha a motor
la bicicleta
bicicleta
el coche
auto

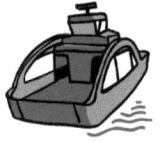

el transbordador
....
balsa

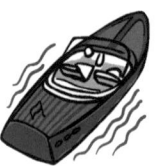

la barca
....
lancha

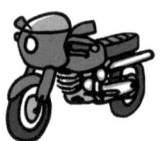

la moto
....
motocicleta

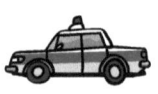

el coche de policía
....
auto de policía

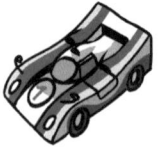

el coche de carreras
....
auto de carreras

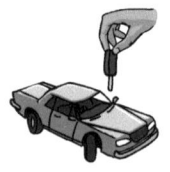

el coche de alquiler
....
auto de alquiler

el préstamo de vehículos

alquiler de autos

la grúa

grúa

el camión de la basura

vehículo recolector de basura

el motor

motor

la gasolina

gasolina

la gasolinera

gasolinera

la señal de tráfico

señal de tráfico

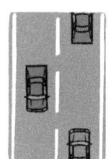

el tráfico

tránsito

el atasco

atasco

el aparcamiento

estacionamiento

la estación de tren

estación de tren

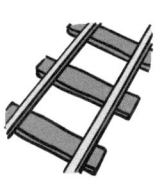

las vías

carril

el tren

tren

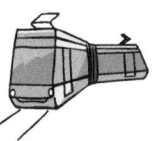

el tranvía

tranvía

el vagón

vagón

el helicóptero

helicóptero

el aeropuerto

aeropuerto

la torre

torre

el pasajero

pasajero

el contenedor

contenedor

la caja de cartón

caja de cartón

la carretilla

carro

la cesta

cesta

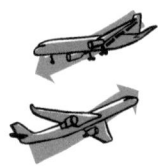

despegar / aterrizar

despegar / aterrizar

la ciudad

ciudad

el pueblo

aldea

el centro de la ciudad

centro de la ciudad

la casa

casa

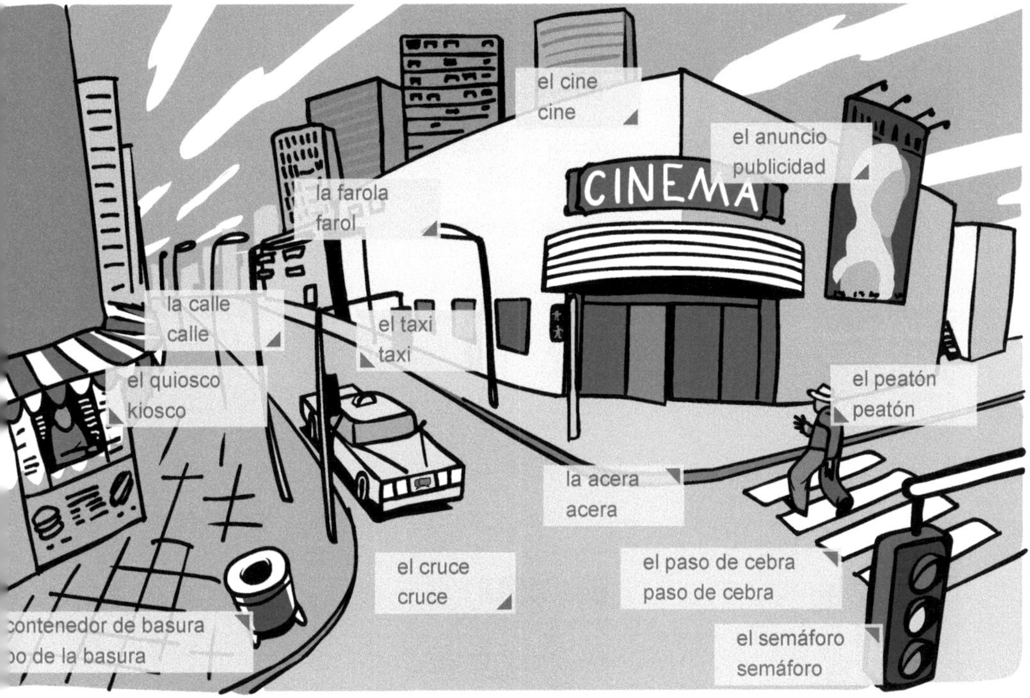

el cine
cine

el anuncio
publicidad

la farola
farol

CINEMA

la calle
calle

el taxi
taxi

el quiosco
kiosco

el peatón
peatón

la acera
acera

el cruce
cruce

el paso de cebra
paso de cebra

contenedor de basura
o de la basura

el semáforo
semáforo

la cabaña
cabaña

el apartamento
apartamento

la estación de tren
estación de tren

el ayuntamiento
ayuntamiento

el museo
museo

la escuela
escuela

la universidad

universidad

el banco

banco

el hospital

hospital

el hotel

hotel

la farmacia

farmacia

la oficina

oficina

la librería

librería

la tienda de campaña

negocio

la floristería

florería

el supermercado

supermercado

el mercado

mercado

los grandes almacenes

grandes almacenes

la pescadería

pescadería

el centro comercial

centro comercial

el puerto

puerto

el parque
parque

el banco
banco

el puente
puente

las escaleras
escalera

el metro
metro

el túnel
túnel

la parada de autobús
parada de autobuses

el bar
bar

el restaurante
restaurante

el buzón
buzón de correo

el poste indicador
letrero

el parquímetro
parquímetro

el zoo
zoológico

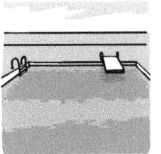

la piscina
piscina

la mezquita
mezquita

la granja

granja

la contaminación

polución

el cementerio

cementerio

la iglesia

iglesia

el patio de juego

parque infantil

el templo

templo

el paisaje

paisaje

la hoja
hoja

la señal
indicador de camino

el camino
sendero

el prado
pradera

la piedra
piedra

el excursionista
caminante

el árbol
árbol

el río
río

la hierba
pasto

la flor
flor

el valle
valle

la colina
montaña

el lago
lago

el bosque
bosque

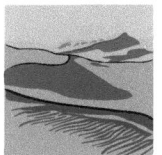

el desierto
desierto

el volcán
volcán

el castillo
castillo

el arcoíris
arco iris

el champiñón
seta

la palmera
palmera

el mosquito
mosquito

la mosca
mosca

la hormiga
hormiga

la abeja
abeja

la araña
araña

el escarabajo

escarabajo

la rana

rana

la ardilla

ardilla

el erizo

erizo

la liebre

liebre

la lechuza

lechuza

el pájaro

pájaro

el cisne

cisne

el jabalí

jabalí

el ciervo

ciervo

el alce

alce

la presa

embalse

la turbina eólica

aerogenerador

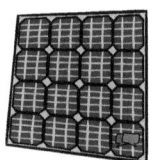

el panel solar

módulo solar

el clima

clima

el restaurante
restaurante

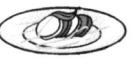

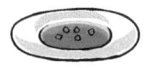

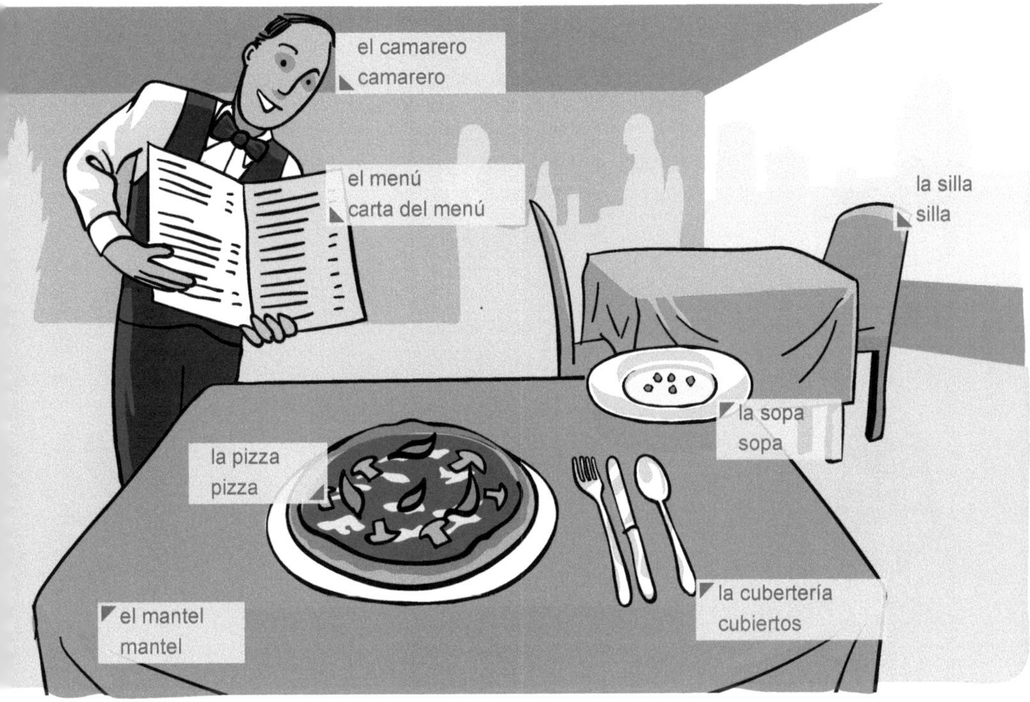
el camarero
camarero
el menú
carta del menú
la silla
silla
la sopa
sopa
la pizza
pizza
el mantel
mantel
la cubertería
cubiertos

el primer plato
entrada

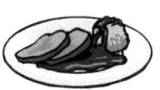

el plato principal
plato principal

el postre
postre

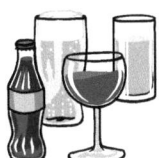

las bebidas
bebida

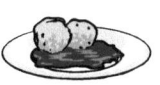

la comida
comida

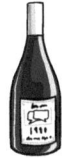

la botella
botella

la comida rápida

comida rápida

la comida callejera

comida callejera

la tetera

tetera

el azucarero

azucarera

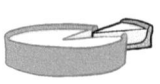

la porción

porción

la cafetera expreso

máquina de espresso

la trona

silla alta

la cuenta

factura

la bandeja

bandeja

el cuchillo

cuchillo

el tenedor

tenedor

la cuchara

cuchara

la cucharilla

cuchara de té

la servilleta

servilleta

el vaso

vaso

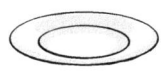

el plato

plato

el plato hondo

plato de sopa

el platillo

platillo

la salsa

salsa

el salero

salero

el molinillo de pimienta

molinillo para pimienta

el vinagre

vinagre

el aceite

aceite

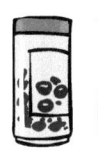

las especias

especias

el ketchup

ketchup

la mostaza

mostaza

la mayonesa

mayonesa

el supermercado
supermercado

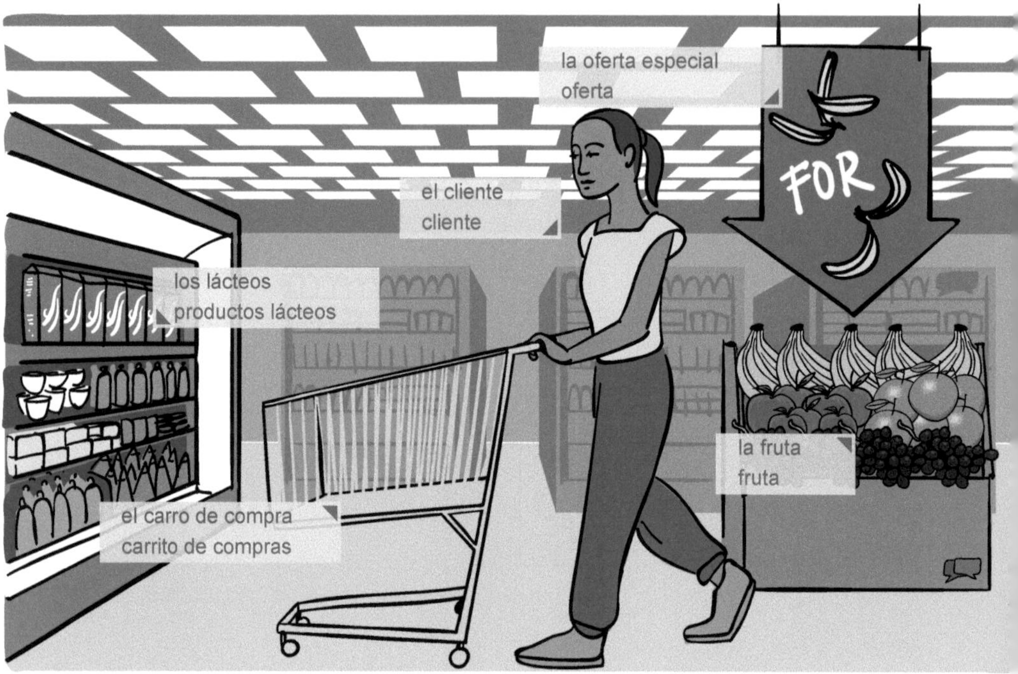

la oferta especial
oferta
FOR
el cliente
cliente
los lácteos
productos lácteos
la fruta
fruta
el carro de compra
carrito de compras

BUTCHERS

la carniceria
carnicería

BAKERY

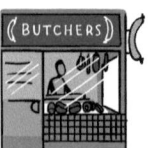

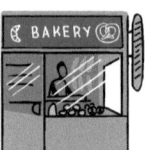

la panadería
panadería

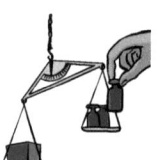

pesar
pesar

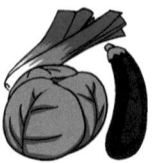

las verduras
verdura

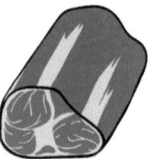

la carne
carne

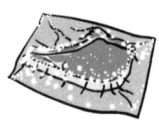

los alimentos congelados
alimentos congelados

los fiambres

fiambre

las conservas

conservas

el detergente en polvo

detergente en polvo

los dulces

dulces

productos de uso doméstico

artículos domésticos

productos de limpieza

productos de limpieza

la vendedora

vendedora

la caja de cartón

caja

el cajero

cajero

la lista de la compra

lista de compras

el horario de atención al público

horario de atención

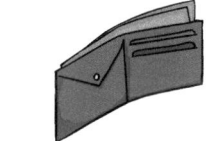

la cartera

cartera

la tarjeta de crédito

tarjeta de crédito

la bolsa de plástico

maleta

la bolsa de plástico

bolsa plástica

el agua

agua

el zumo

jugo

la leche

leche

la cola

refresco de cola

el vino

vino

la cerveza

cerveza

el alcohol

alcohol

el cacao

cacao

el té

té

el café

café

el expreso

espresso

el capuchino

cappuccino

el plátano

banana

la manzana

manzana

la naranja

naranja

el melón

sandía

el limón

limón

la zanahoria

zanahoria

el ajo

ajo

el bambú

bambú

la cebolla

cebolla

el champiñón

seta

las avellanas

nueces

los fideos

fideos

las espagueti

espagueti

el arroz

arroz

la ensalada

ensalada

las patatas fritas

patatas fritas

las patatas fritas

patatas salteadas

la pizza

pizza

la hamburguesa

hamburguesa

el sándwich

sándwich

el filete

escalope

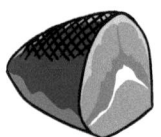

el jamón

jamón

le salami

salame

la salchicha

embutido

el pollo

pollo

el asado

asado

el pescado

pescado

los copos de avena

copos de avena

el muesli

musli

los copos de maíz

copos de maíz tostado

la harina

harina

el cruasán

croissant

el panecillo

panecillo

el pan

pan

la tostada

tostada

las galletas

galletas

la mantequilla

mantequilla

la cuajada

cuajada

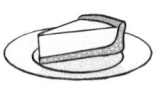

el pastel

pastel

el huevo

huevo

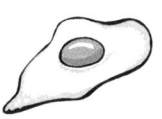

el huevo frito

huevo frito

el queso

queso

el helado

helado

el azúcar

azúcar

la miel

miel

la mermelada

mermelada

la crema de turrón

praliné

el curry

curry

la granja
granja

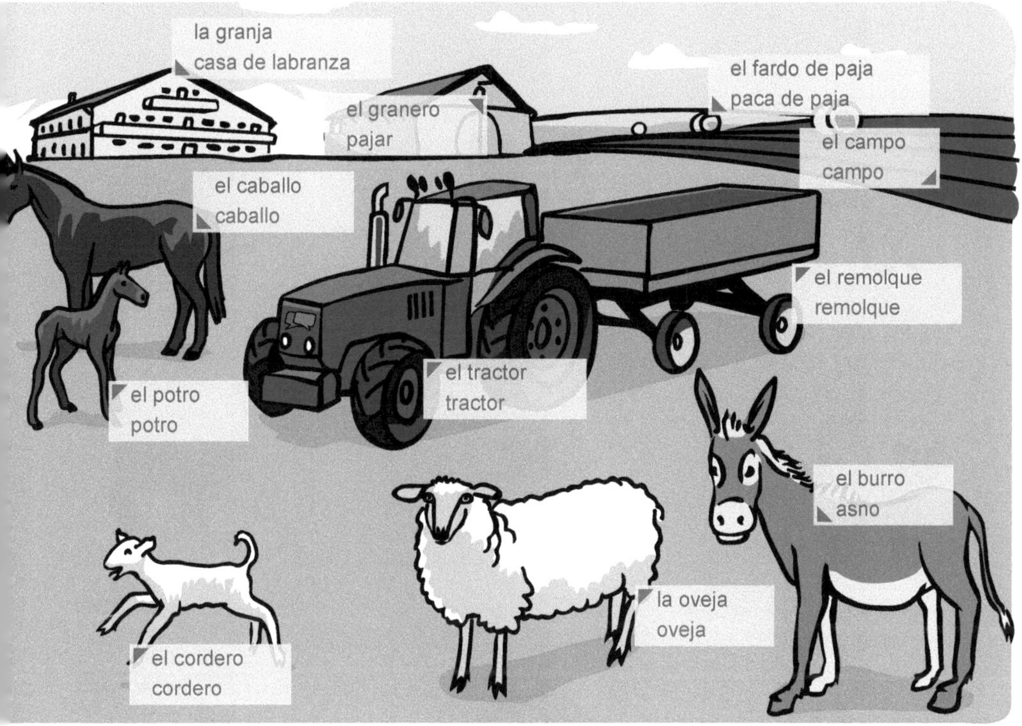
la granja
casa de labranza
el granero
pajar
el fardo de paja
paca de paja
el campo
campo
el caballo
caballo
el remolque
remolque
el tractor
tractor
el potro
potro
el burro
asno
la oveja
oveja
el cordero
cordero

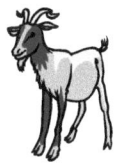

la cabra
cabra

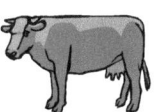

la vaca
vaca

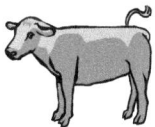

el ternero
ternero

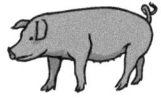

el cerdo
cerdo

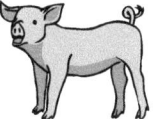

el cerdito
lechón

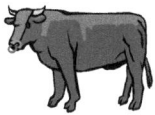

el toro
toro

el ganso

ganso

el pato

pato

el pollo

polluelo

la gallina

pollo

el gallo

gallo

la rata

rata

el gato

gato

el ratón

ratón

el buey

buey

el perro

perro

la perrera

caseta del perro

la manguera

manguera de riego

la regadera

regadera

la guadaña

guadaña

el arado

arado

la hoz
hoz

la azada
azada

la horca
bieldo

el hacha
hacha

la carretilla
carretilla

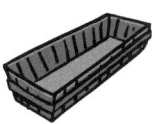

el abrevadero
abrevadero

la lechera
lechera

el saco
saco

la valla
cerca

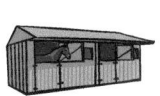

el establo
establo

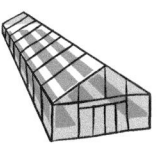

el invernadero
invernadero

el suelo
suelo

la semilla
semilla

el fertilizador
fertilizante

la cosechadora
cosechadora

cosechar

cosechar

la cosecha

cosecha

el ñame

raíz de ñame

el trigo

trigo

el soja

soja

la patata

patata

el maíz

maíz

la semilla de colza

colza

el árbol frutal

Árbol frutal

la mandioca

mandioca

las cereales

cereales

la casa
casa

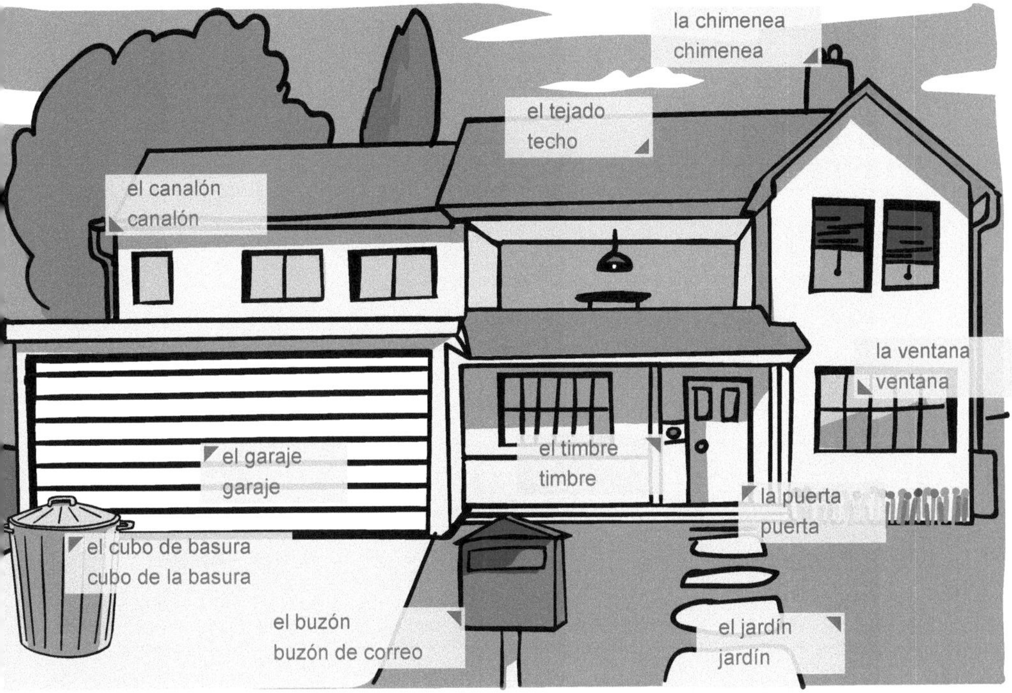
la chimenea
chimenea
el tejado
techo
el canalón
canalón
la ventana
ventana
el garaje
garaje
el timbre
timbre
la puerta
puerta
el cubo de basura
cubo de la basura
el buzón
buzón de correo
el jardín
jardín

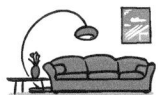

la sala
cuarto de estar

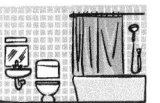

el cuarto de baño
cuarto de baño

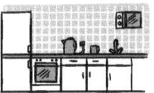

la cocina
cocina

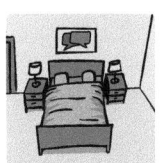

el dormitorio
dormitorio

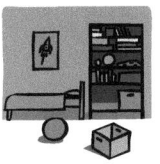

la habitación de los niños
cuarto de los niños

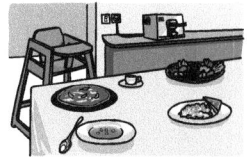

el comedor
comedor

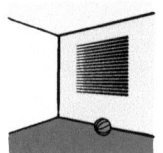

el suelo

piso

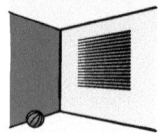

la pared

pared

el techo

cielorraso

el sótano

sótano

la sauna

sauna

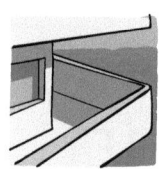

el balcón

balcón

la terraza

terraza

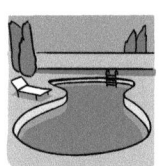

la piscina

piscina

el cortacésped

cortacésped

la sábana

funda nórdica

la colcha

edredón

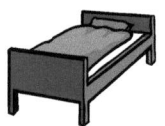

la cama

cama

la escoba

escoba

el balde

cubo

el interruptor

interruptor

la sala

cuarto de estar

el papel pintado
papel para empapelar
la imagen
imagen
la lámpara
lámpara
el estante
estante
el armario
gabinete
la televisión
televisor
la chimenea
hogar
la flor
flor
el cojín
cojín
el sofá
sofá
el jarrón
florero
el mando a distancia
control remoto

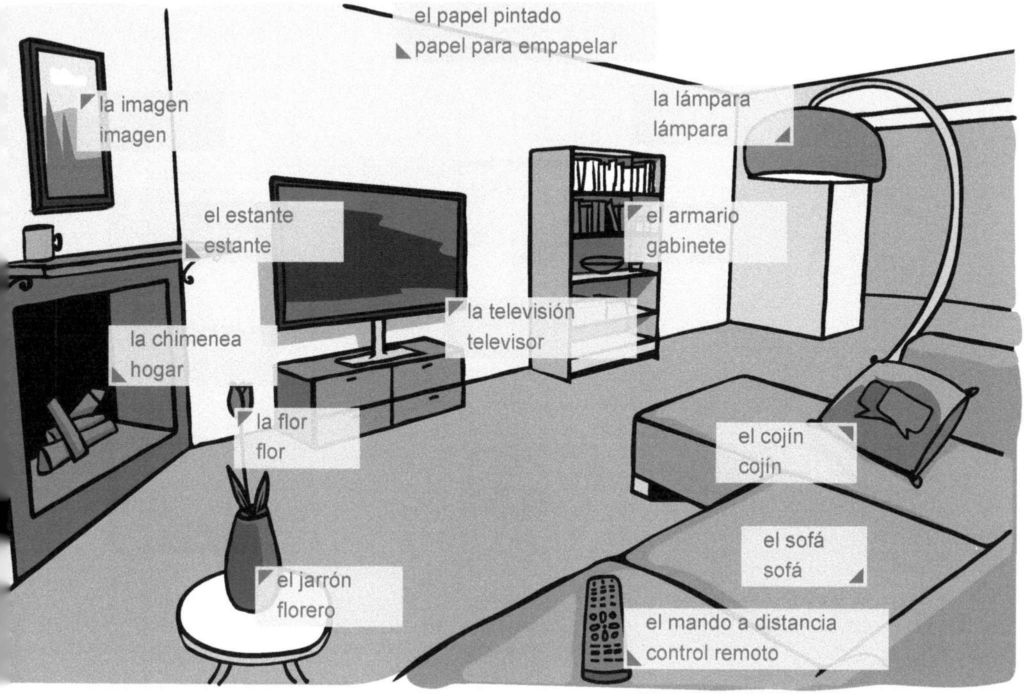

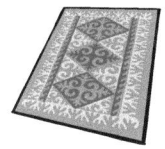

la alfombra
alfombra

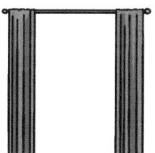

la cortina
cortina

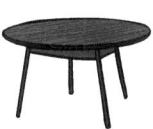

la mesa
mesa

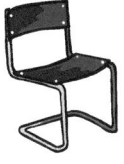

la silla
silla

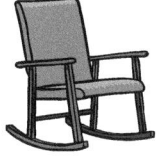

el mecedora
mecedora

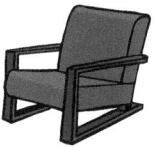

la butaca
sillón

el libro

libro

la manta

frazada

la decoración

decoración

la leña

leña

la película

film

el equipo de música

equipo estereofónico

la llave

llave

el periódico

periódico

la pintura

cuadro

el póster

póster

la radio

radio

el cuaderno

bloc de notas

la aspiradora

aspiradora

el cactus

cactus

la vela

vela

la cocina
cocina

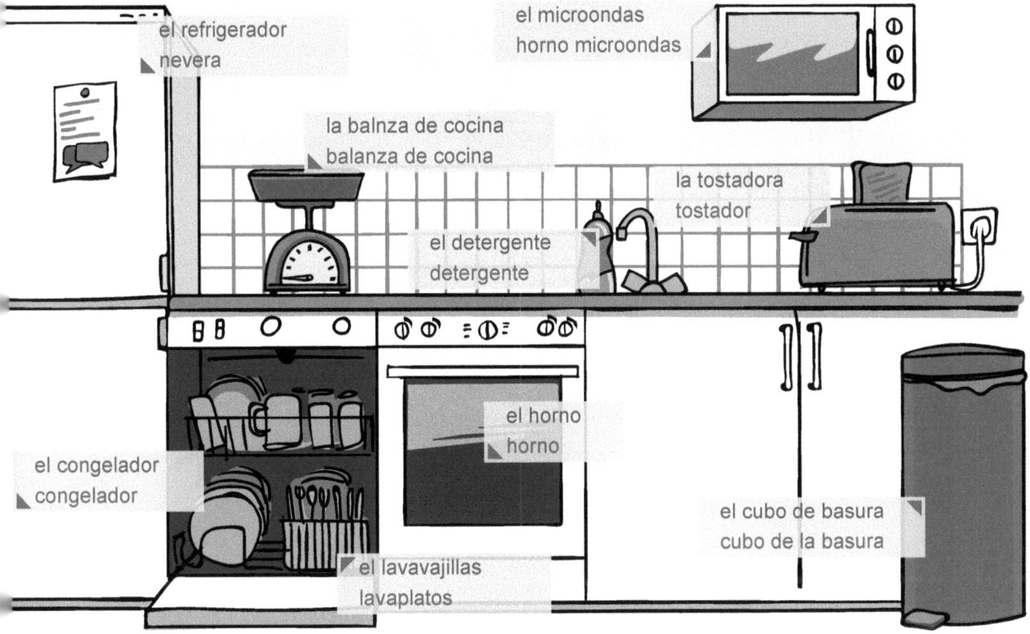

el refrigerador
nevera
el microondas
horno microondas
la balnza de cocina
balanza de cocina
la tostadora
tostador
el detergente
detergente
el horno
horno
el congelador
congelador
el cubo de basura
cubo de la basura
el lavavajillas
lavaplatos

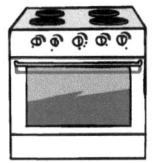

la olla a presión

cocina

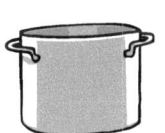

la olla

olla

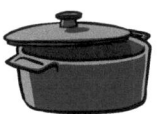

la olla de hierro fundido

olla de fundición de hierro

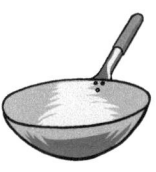

el wok

wok / kadai

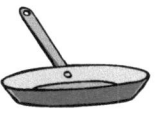

la cazuela

sartén

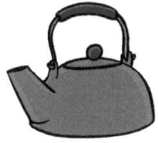

el hervidor

hervidor de agua

la vaporera

olla de vapor

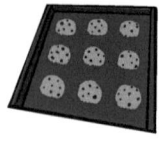

la chapa de horno

bandeja de horno

la vajilla

vajilla

la taza

vaso

el tazón

bol

los palillos

palillos para comer

el cucharón

cucharón de sopa

la espumadera

espátula

el batidor

batidor

el colador

colador

el cedazo

cedazo

el rallador

rallador

el mortero

mortero

la barbacoa

parrillada

la hoguera

fogata

la tabla de picar

tabla de picar

el rodillo

rodillo

el sacacorchos

sacacorchos

la lata

lata

el abrelatas

abrelatas

el agarrador

agarrador

el lavabo

fregadero

el cepillo

cepillo

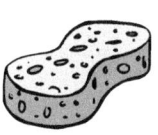

la esponja

esponja

la batidora

batidora

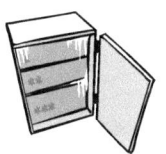

el congelador

arcón congelador

el biberón

biberón

el grifo

grifo

la cocina - cocina

el cuarto de baño
cuarto de baño

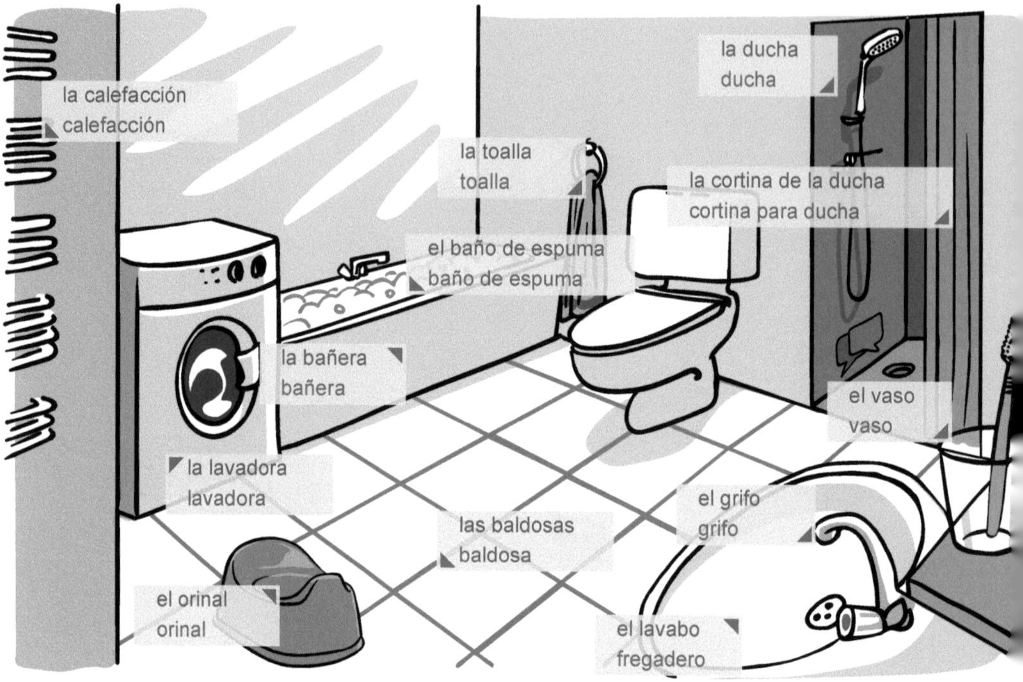
la calefacción
calefacción
la ducha
ducha
la toalla
toalla
la cortina de la ducha
cortina para ducha
el baño de espuma
baño de espuma
la bañera
bañera
el vaso
vaso
la lavadora
lavadora
el grifo
grifo
las baldosas
baldosa
el orinal
orinal
el lavabo
fregadero

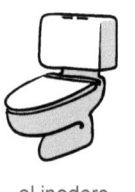

el inodoro

cuarto de baño

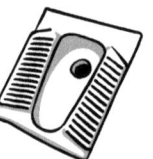

el inodoro rústico

placa turca

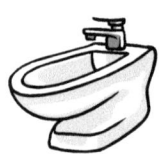

el bidé

bidé

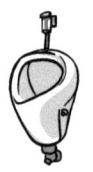

el urinario

urinario

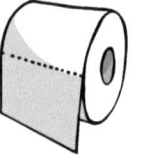

el papel higiénico

papel higiénico

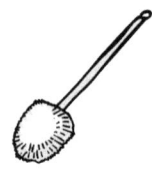

la escobilla del váter

escobilla para el cuarto de baño

el cepillo de dientes

cepillo de dientes

la pasta de dientes

pasta dentífrica

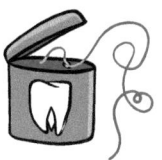

el hilo dental

seda dental

lavar

lavar

la ducha de mano

ducha teléfono

la ducha íntima

ducha higiénica

la pila

cuenco

el cepillo de espalda

cepillo para la espalda

el jabón

jabón

el gel de ducha

gel de ducha

el champú

champú

la toallita

manopla para baño

el desagüe

desagüe

la crema

crema

el desodorante

desodorante

el espejo

espejo

el espejo de tocador

espejo de maquillaje

la maquinilla de afeitar

máquina de afeitar

la espuma de afeitar

espuma de afeitar

la loción postafeitado

loción para después del afeitado

el peine

peine

el cepillo

cepillo

el secador

secador para cabello

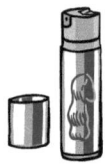

la laca

laca de peinado

el maquillaje

maquillaje

el pintalabios

lápiz labial

el pintauñas

laca para uñas

el algodón

algodón

el cortauñas

tijera para uñas

el perfume

perfume

el estuche de viaje
....
neceser

la banqueta
....
taburete

la balanza
....
balanza

el albornoz
....
bata de baño

los guantes de goma
....
guantes de goma

el tampón
....
tampón

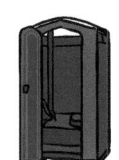

la compresa
....
compresa

el inodoro químico
....
wáter químico

la habitación de los niños
cuarto de los niños

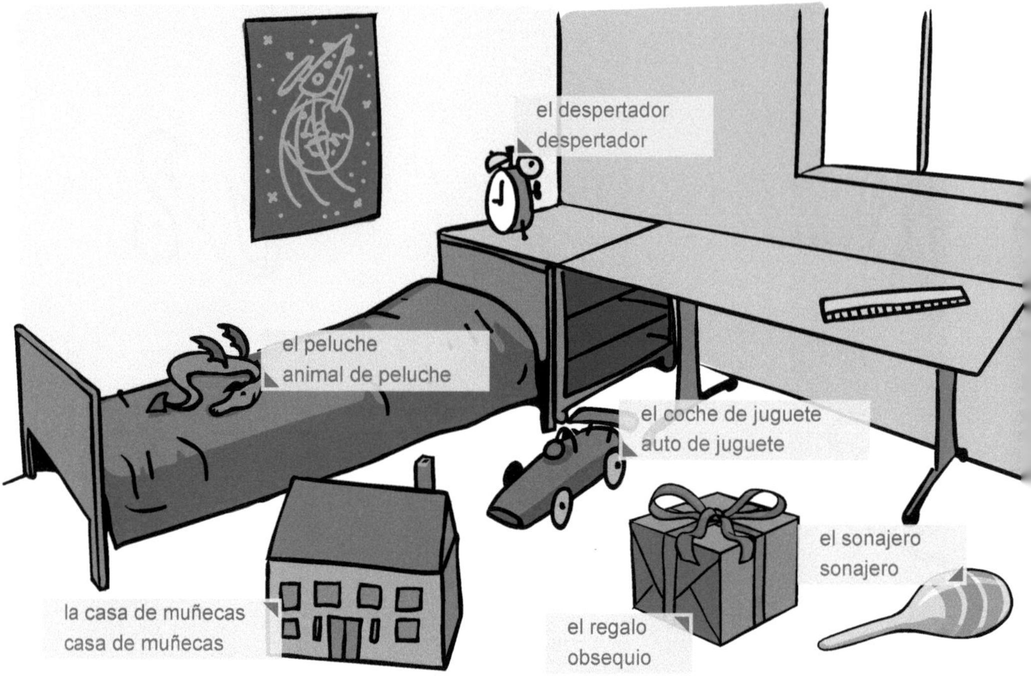

el despertador
despertador
el peluche
animal de peluche
el coche de juguete
auto de juguete
el sonajero
sonajero
la casa de muñecas
casa de muñecas
el regalo
obsequio

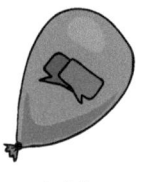

el globo
globo

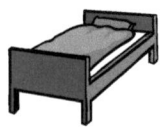

la cama
cama

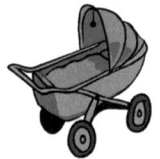

el coche de niño
cochecito para niños

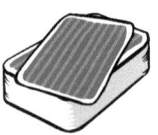

los naipes
juego de barajas

el puzle
rompecabezas

SUPER
MEGA

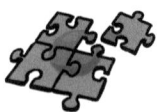

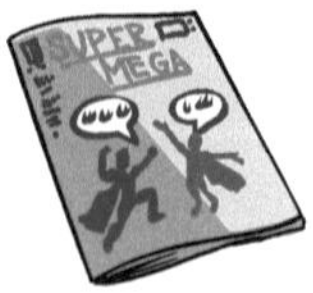

el tebeo
cómic

las piezas de lego

piezas de Lego

los bloques de juguete

bloques para jugar

la figura de acción

figura de acción

el bodi (de bebé)

pijama de una pieza

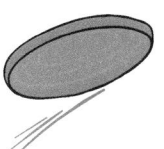

el frisbee

frisbee

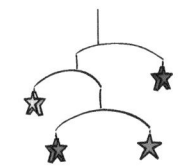

el colgador móvil para bebés

móvil

el juego de mesa

juego de mesa

los dados

dado

el circuito de tren eléctrico

tren eléctrico a escala

el maniquí

chupete

la fiesta

fiesta

el álbum de fotos

libro de dibujos

la pelota

pelota

la muñeca

títere

jugar

jugar

el cajón de arena
arenero

el columpio
columpio

los juguetes
juguetes

la videoconsola
consola de videojuego

el triciclo
triciclo

el oso de peluche
osito de peluche

la guardarropa
guardarropa

la ropa

vestimenta

los calcetines
calcetines

las medias
medias

los leotardos
panti

la bufanda
chal

el paraguas
paraguas

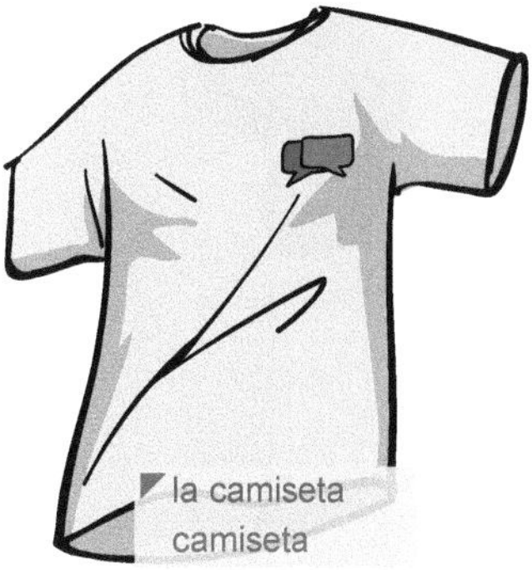

la camiseta
camiseta

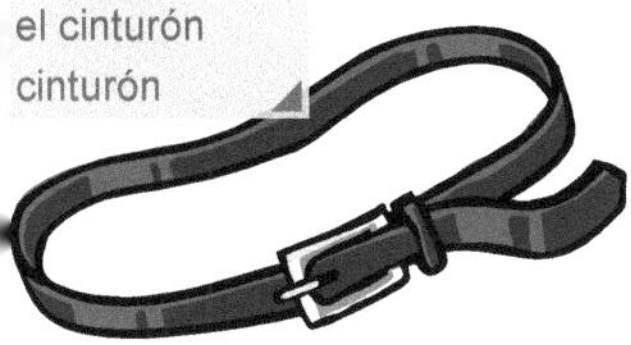

el cinturón
cinturón

las botas
botas

las zapatillas
zapatilla

las deportivas
deportivas

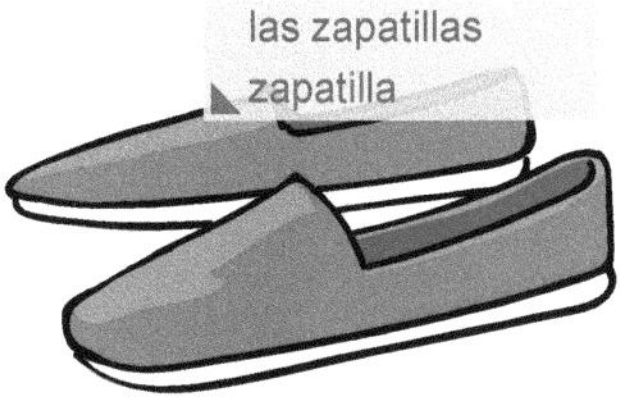

las sandalias
....
sandalias

los zapatos
....
zapatos

las botas de goma
....
botas de goma

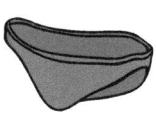

el slip
....
ropa interior

el sostén
....
corpiño

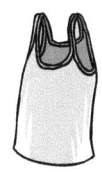

el chaleco
....
camiseta

el bodi
body

los pantalones cortos
pantalón

los vaqueros
jeans

la falda
falda

la blusa
blusa

la camisa
camisa

el jersey
pullover

el suéter
sweater

el blazer
blazer

la chaqueta
chaqueta

el abrigo
abrigo

la gabardina
impermeable

el traje
traje chaqueta

el vestido
vestido

el vestido de novia
vestido de bodas

el traje

traje

el camisón

camisón

el pijama

pijama

el sati

sari

el bandana

pañuelo de cabeza

el turbante

turbante

la burka

burka

el caftán

caftán

la abaya

abaya

el traje de baño

traje de baño

el bañador

bañador

los pantalones cortos

shorts

el chándal

chándal

el delantal

delantal

los guantes

guante

el botón

botón

las gafas

gafa

el brazalete

brazalete

el collar

cadena

el anillo

anillo

el pendiente

aro

la gorra

gorra

la percha

percha

el sombrero

sombrero

la corbata

corbata

la cremallera

cierre a cremallera

el casco

casco

los tirantes

tiradores

el uniforme

uniforme escolar

el uniforme

uniforme

la ropa - vestimenta

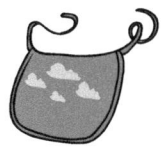

el babero

babero

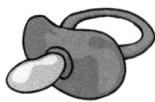

el maniquí

chupete

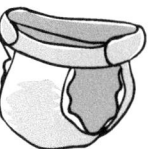

el pañal

pañal

la oficina

oficina

el servidor
servidor
el archivo
archivador
la impresora
impresora
el papel
papel
el monitor
monitor
el ratón
ratón
el escritoria
escritorio
la carpeta
carpeta
el teclado
teclado
la papelera
cesto de papeles
el ordenador
ordenador
la silla
silla

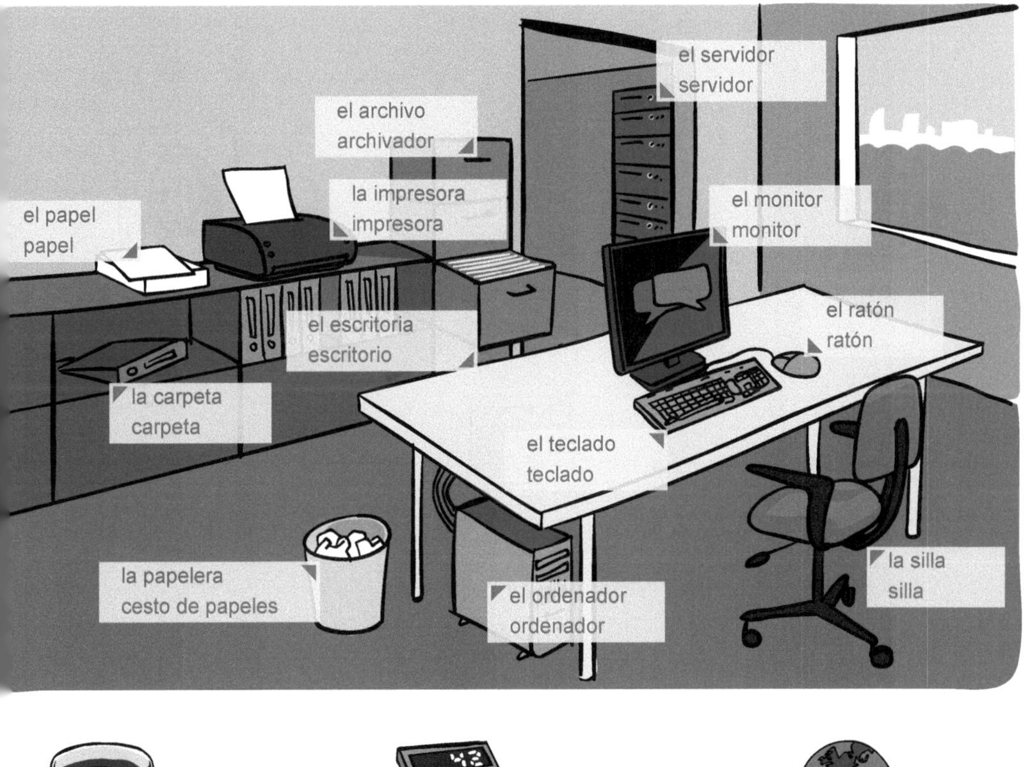

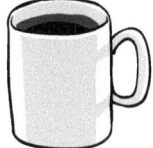

la taza de café

taza de café

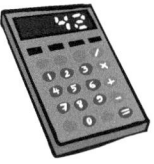

la calculadora

calculadora

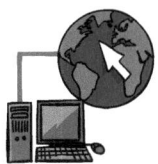

el internet

internet

el portátil

laptop

la carta

carta

el mensaje

mensaje

el móvil

teléfono móvil

la red

red

la fotocopiadora

fotocopiadora

el software

software

el teléfono

teléfono

la toma de corriente

tomacorriente

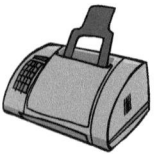

el fax

máquina de fax

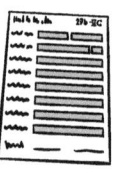

el formulario

formulario

el documento

documento

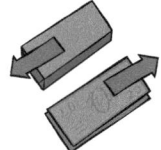

comprar
comprar

pagar
pagar

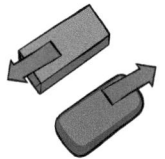

comerciar
comerciar

el dinero
dinero

el dólar
dólar

el euro
euro

el yen
yen

el rublo
rublo

el franco suizo
franco

el renminbi yuan
renminbi

la rupia
rupia

el cajero automático
cajero automático

la oficina de cambio de divisas
....
casa de cambio

el oro
....
oro

la plata
....
plata

el petróleo
....
petróleo

la energía
....
energía

el precio
....
precio

el contrato
....
contrato

el impuesto
....
impuesto

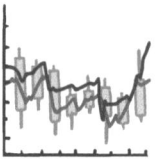

la acción
....
acción

trabajar
....
trabajar

el empleador
....
empleado

el empleador
....
empleador

la fábrica
....
fábrica

la tienda de campaña
....
negocio

los oficios
ocupaciones

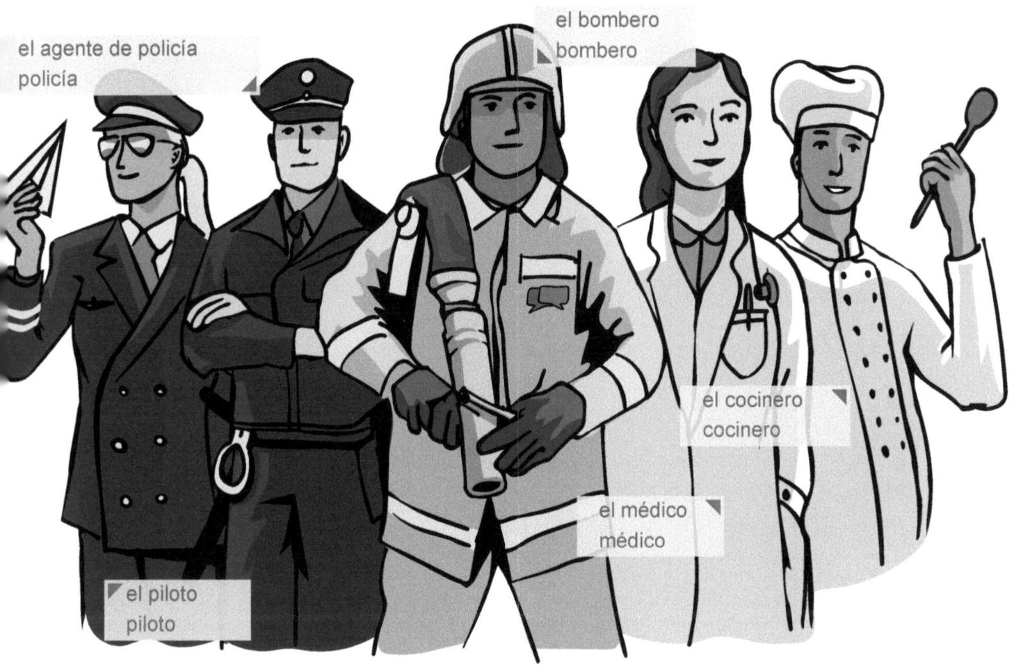

el agente de policía
policía
el bombero
bombero
el cocinero
cocinero
el médico
médico
el piloto
piloto

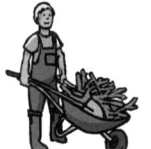

el jardinero
jardinero

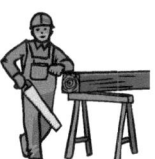

el carpintero
carpintero

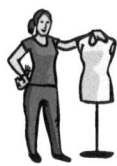

la costurera
costurera

el juez
juez

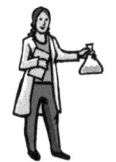

el farmacéutico
químico

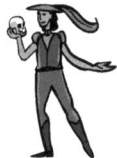

el actor
actor

el conductor de autobús

conductor de autobús

el taxista

taxista

el pescador

pescador

la señora de la limpieza

mujer de la limpieza

el techador

techista

el camarero

camarero

el cazador

cazador

el pintor

pintor

el panadero

panadero

el electricista

electricista

el obrero

albañil

el ingeniero

ingeniero

el carnicero

carnicero

el fontanero

fontanero

el cartero

cartero

el soldado

soldado

el arquitecto

arquitecto

el cajero

cajero

el florista

florista

el peluquero

peluquero

el revisor

cobrador

el mecánico

mecánico

el capitán

capitán

el dentista

odontólogo

el científico

científico

el rabino

rabino

el imán

imam

el monje

monje

el sacerdote

párroco

las herramientas
herramientas

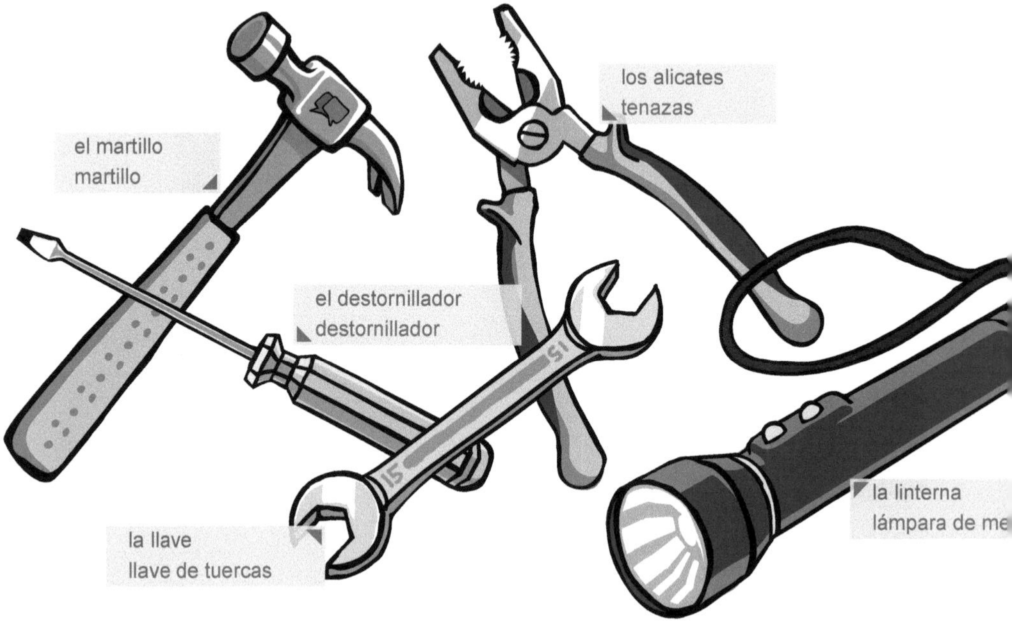
los alicates
tenazas
el martillo
martillo
el destornillador
destornillador
la linterna
lámpara de me
la llave
llave de tuercas

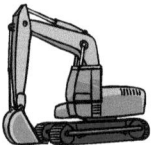

la excavadora

excavadora

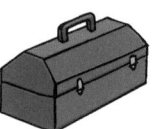

la caja de herramientas

caja de herramientas

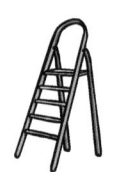

la escalera de mano

escalerilla

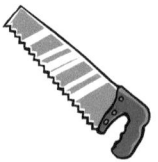

la sierra

serrucho

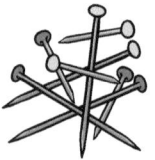

los clavos

clavos

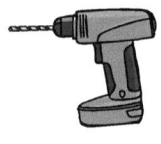

el taladro

taladro

reparar

reparar

la pala

pala

¡Maldita sea!

¡Maldición!

el recogedor

recogedor

el bote de pintura

lata de pintura

los tornillos

tornillos

los instrumentos musicales
instrumentos musicales

la batería
batería

el altavoz
altavoz

la guitarra
guitarra

el contrabajo
contrabajo

la trompeta
trompeta

el piano

piano

el violín

violín

bajo

bajo

los timbales

timbales

el tambor

tambor

el teclado

teclado

el saxofón

saxofón

la flauta

flauta

el micrófono

micrófono

el zoo
zoológico

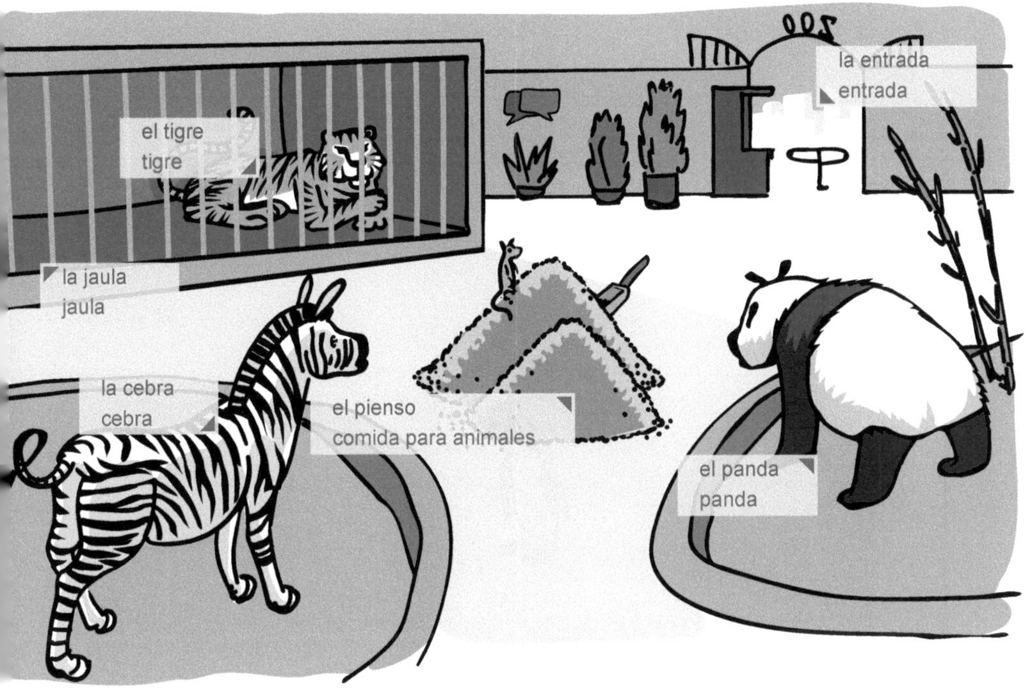
el tigre
tigre
la jaula
jaula
la cebra
cebra
el pienso
comida para animales
el panda
panda
la entrada
entrada

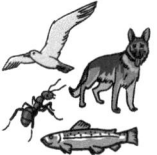

los animales

animales

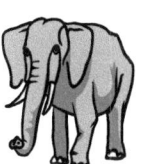

el elefante

elefante

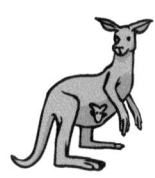

el canguro

canguro

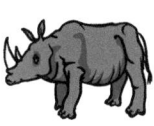

el rinoceronte

rinoceronte

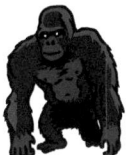

el gorila

gorila

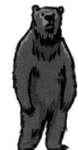

el oso

oso

el camello

camello

el avestruz

avestruz

el león

león

el mono

mono

el flamingo

flamengo

el loro

papagayo

el oso polar

oso polar

el pingüino

pingüino

el tiburón

tiburón

el pavo real

pavo real

la serpiente

serpiente

el cocodrilo

cocodrilo

el guardián de zoológico

cuidador del zoológico

la foca

foca

el jaguar

jaguar

el poni

pony

el leopardo

leopardo

el hipopótamo

hipopótamo

la jirafa

jirafa

el águila

águila

el jabalí

jabalí

el pescado

pescado

la tortuga

tortuga

la morsa

morsa

el zorro

zorro

la gacela

gacela

el zoo - zoológico

el fútbol americano
fútbol americano

el ciclismo
ciclismo

el tenis
tenis

el baloncesto
baloncesto

la natación
natación

el boxeo
boxeo

el hockey sobre hielo
hockey sobre hielo

el fútbol
fútbol

el bádminton
badminton

el atletismo
atletismo

el balonmano
balonmano

el esquí
esquí

el polo
polo

las actividades
actividades

reír
reír
saltar
saltar
abrazar
abrazar
caminar
caminar
cantar
cantar
soñar
soñar
rezar
rezar
besar
besar

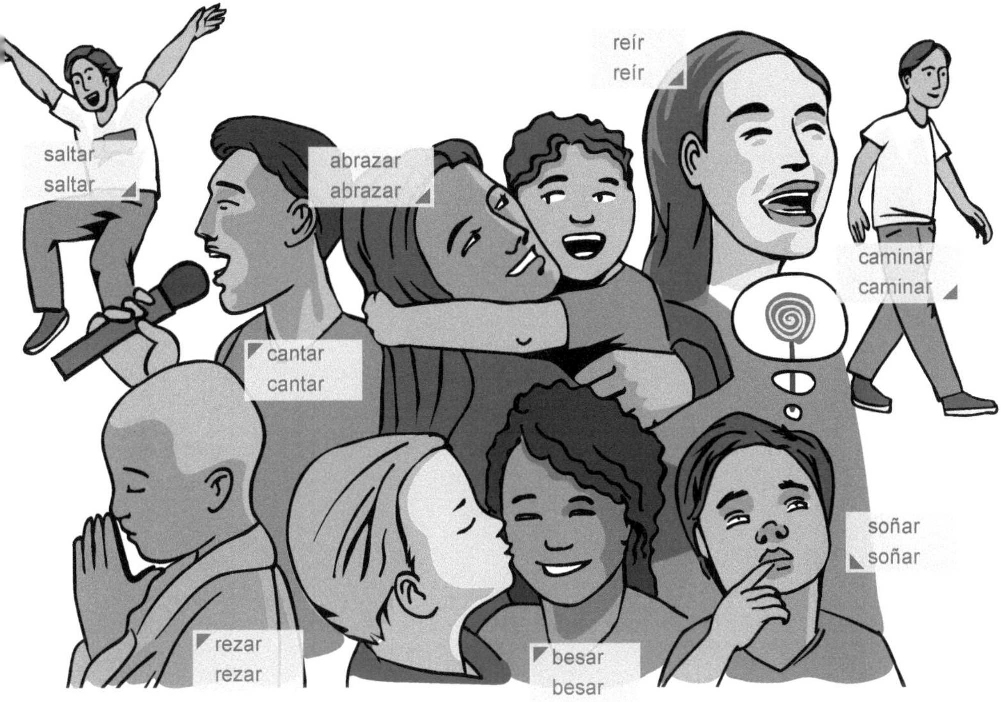

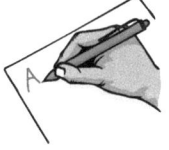

escribir
escribir

dibujar
dibujar

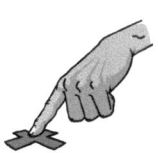

mostrar
mostrar

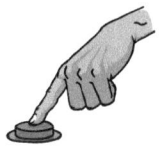

empujar
presionar

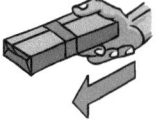

dar
dar

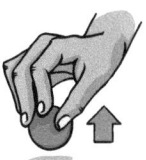

tomar
tomar

tener

tener

hacer

hacer

ser

ser

estar de pie

estar de pie

correr

correr

tirar

tirar

tirar

arrojar

caer

caer

yacer

estar acostado

esperar

esperar

llevar

llevar

estar sentado

estar sentado

vestirse

vestirse

dormir

dormir

despertar

despertar

mirar
mirar

llorar
llorar

acariciar
acariciar

peinar
peinarse

hablar
conversar

entender
entender

preguntar
preguntar

escuchar
oír

beber
beber

comer
comer

ordenar
asear

amar
amar

cocinar
cocinar

conducir
conducir

volar
volar

navegar

navegar

calcular

calcular

leer

leer

aprender

aprender

trabajar

trabajar

casarse

casarse

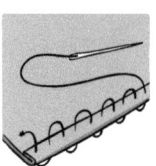

coser

coser

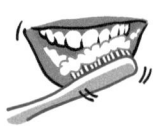

cepillarse los dientes

limpiarse los dientes

matar

matar

fumar

fumar

enviar

enviar

la familia
familia

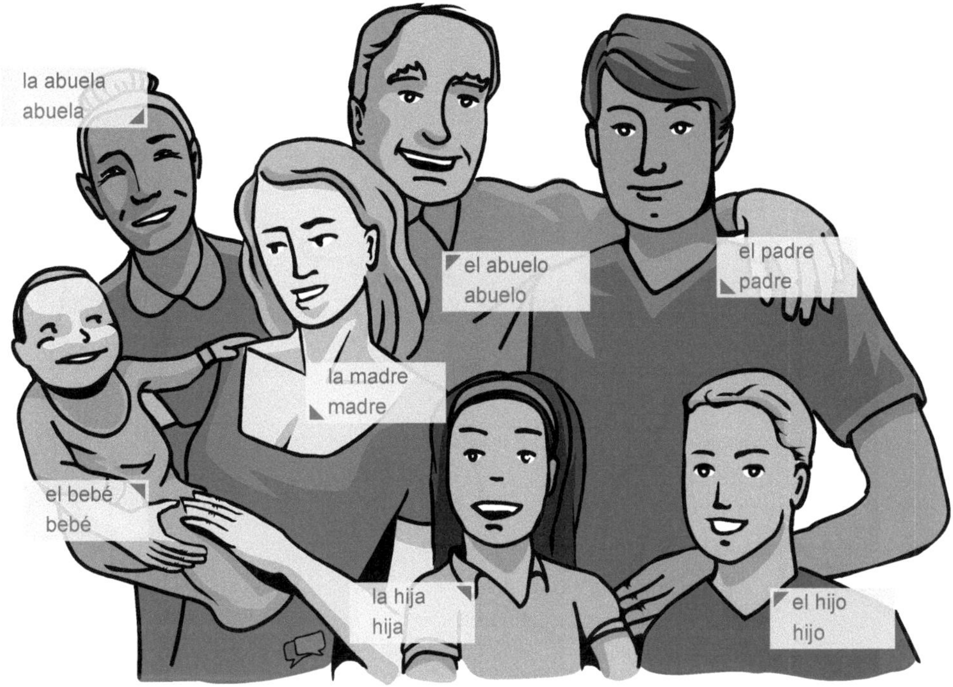

la abuela
abuela
el abuelo
abuelo
el padre
padre
la madre
madre
el bebé
bebé
la hija
hija
el hijo
hijo

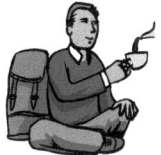

el invitado

invitado

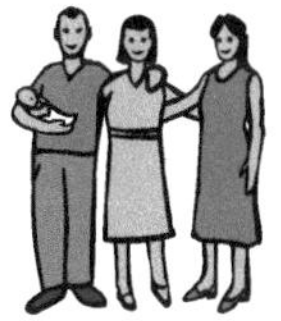

la tía

tía

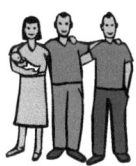

el tío

tío

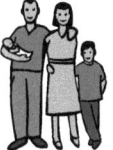

el hermano

hermano

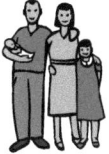

la hermana

hermana

el cuerpo
cuerpo

la frente
frente
el ojo
ojo
el hombro
hombro
el dedo
dedo
la cara
cara
la barbilla
barbilla
la mano
mano
la pierna
pierna
el pecho
pecho
el brazo
brazo

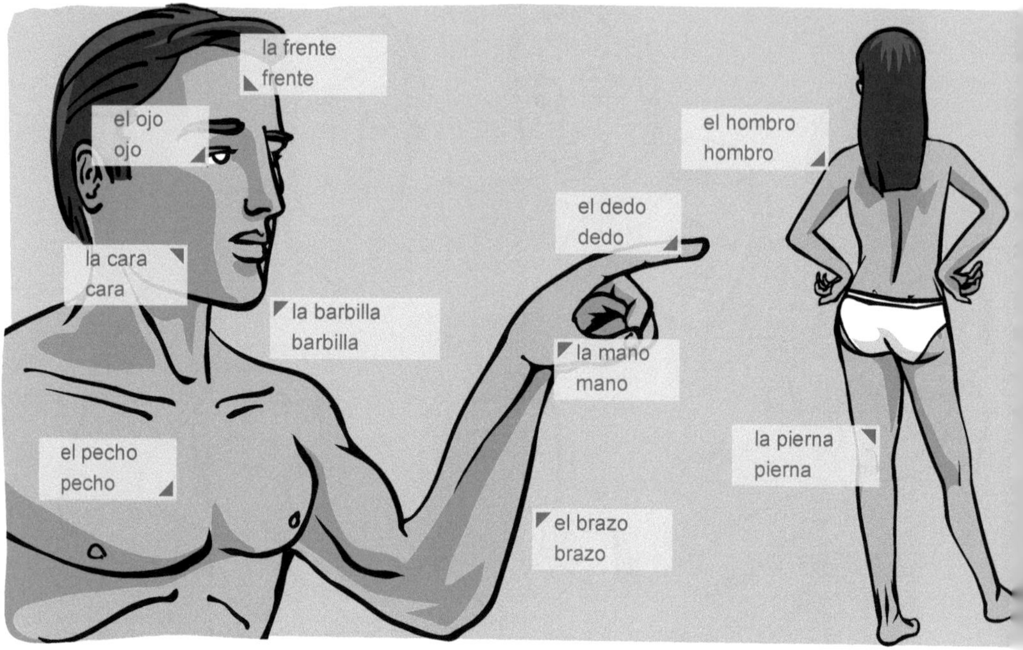

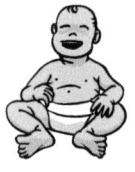

el bebé
bebé

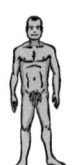

el hombre
hombre

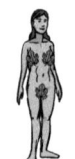

la mujer
mujer

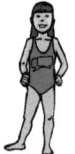

la chica
muchacha

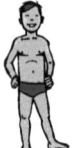

el chico
joven

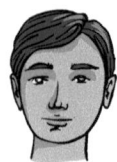

la cabeza
cabeza

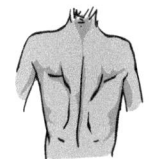

la espalda

espalda

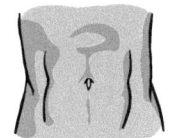

el vientre

vientre

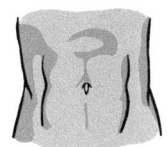

el ombligo

ombligo

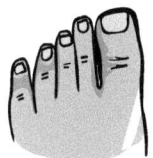

el dedo del pie

dedo del pie

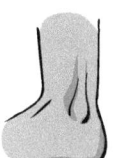

el talón

talón

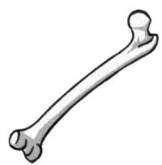

el hueso

hueso

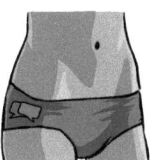

la cadera

cadera

la rodilla

rodilla

el codo

codo

la nariz

nariz

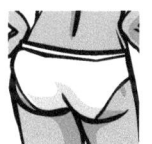

el trasero

trasero

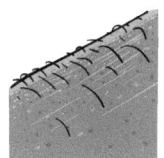

la piel

piel

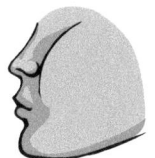

la mejilla

mejilla

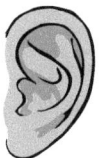

el oído

oreja

el labio

labio

la boca
boca

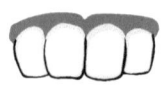

el diente
diente

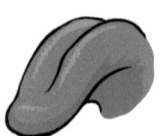

la lengua
lengua

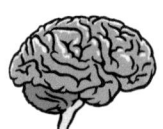

el cerebro
cerebro

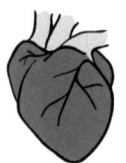

el corazón
corazón

el músculo
músculo

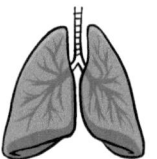

el pulmón
pulmón

el hígado
hígado

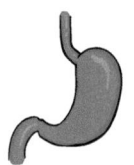

el estómago
estómago

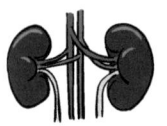

los riñones
riñones

el sexo
relación sexual

el condón
condón

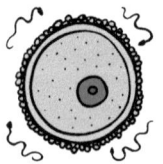

el ovario
Óvulo

el semen
esperma

el embarazo
embarazo

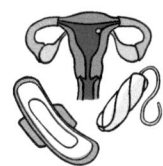

la menstruación

menstruación

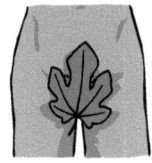

la vagina

vagina

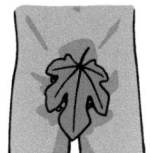

el pene

pene

la ceja

ceja

el pelo

cabello

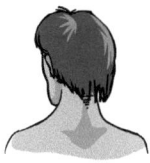

el cuello

cuello

el hospital
hospital

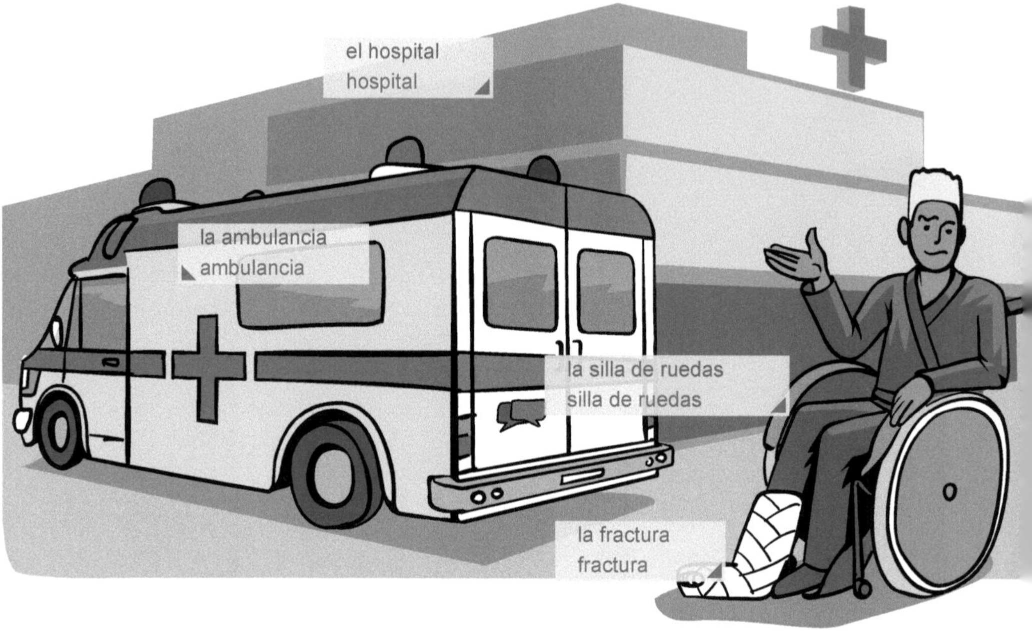

el hospital
hospital
la ambulancia
ambulancia
la silla de ruedas
silla de ruedas
la fractura
fractura

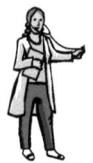

el médico

médico

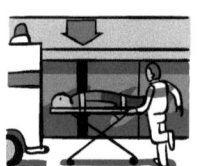

la sala de urgencias

admisión de urgencia

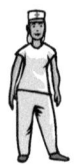

la enfermera

enfermera

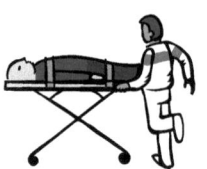

la urgencia

emergencia

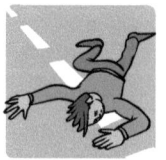

inconsciente

inconsciente

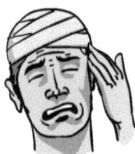

el dolor

dolor

la lesión
lesión

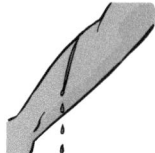

la hemorragia
hemorragia

el infarto
infarto de miocardio

el ictus
apoplejía cerebral

la alergia
alergia

la tos
tos

la fiebre
fiebre

la gripe
gripe

la diarrea
diarrea

el dolor de cabeza
dolor de cabeza

el cáncer
cáncer

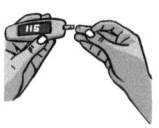

la diabetes
diabetes

el cirujano
cirujano

el bisturí
escalpelo

la operación
operación

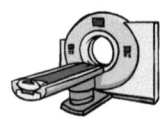

TAC
TC

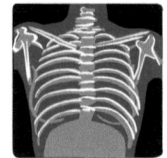

los rayos x
rayos X

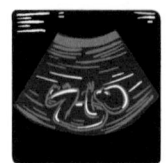

el ultrasonido
ultrasonido

la mascarilla
máscara

la enfermedad
enfermedad

la sala de espera
sala de espera

la muleta
muleta

la tirita
emplasto

la venda
vendaje

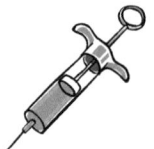

la inyección
inyección

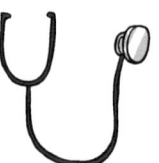

el estetoscopio
estetoscopio

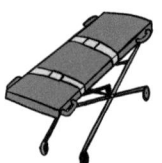

la camilla
camilla

el termómetro
termómetro

el nacimiento
nacimiento

el sobrepeso
sobrepeso

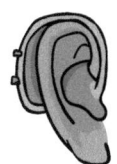

el audífono

audífono

el desinfectante

desinfectante

la infección

infección

el virus

virus

VIH / SIDA

VIH / SIDA

la medicina

medicina

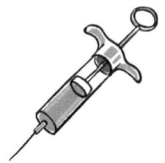

la vacunación

vacunación

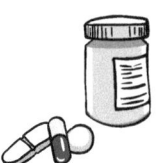

las tabletas

comprimido

la pastilla

píldora anticonceptiva

la llamada de urgencia

llamada de emergencia

el tensiómetro

medidor de presión arterial

enfermo / sano

enfermo / saludable

¡Socorro!

¡Ayuda!

la alarma

alarma

el asalto

asalto

el ataque

ataque

el peligro

peligro

la salida de emergencia

salida de emergencia

¡Fuego!

¡Fuego!

el extintor de incendios

extintor

el accidente

accidente

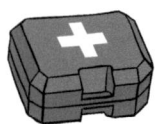

el botiquín de primeros
auxilios

kit de primeros auxilios

SOS

SOS

la policía

Policía

Europa

Europa

Norteamérica

América del Norte

Sudamérica

América del Sur

África

África

Asia

Asia

Australia

Australia

el atlántico

Atlántico

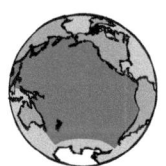

el Pacífico

Pacífico

el Océano Índico

Océano Índico

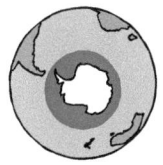

el Océano Antártico

Océano Antártico

el Océano Ártico

Océano Ártico

el polo norte

Polo Norte

el polo sur

Polo Sur

La Antártida

Antártida

la tierra

Tierra

la tierra

país

el mar

mar

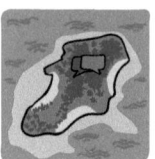

la isla

isla

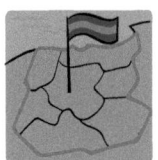

la nación

nación

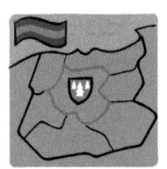

el estado

Estado

la esfera

cuadrante

la manecilla de las horas

horario

el minutero

minutero

el segundero

segundero

¿Qué hora es?

¿Qué hora es?

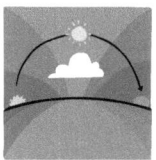

el día

día

el tiempo

tiempo

ahora

ahora

el reloj digital

reloj digital

el minuto

minuto

la hora

hora

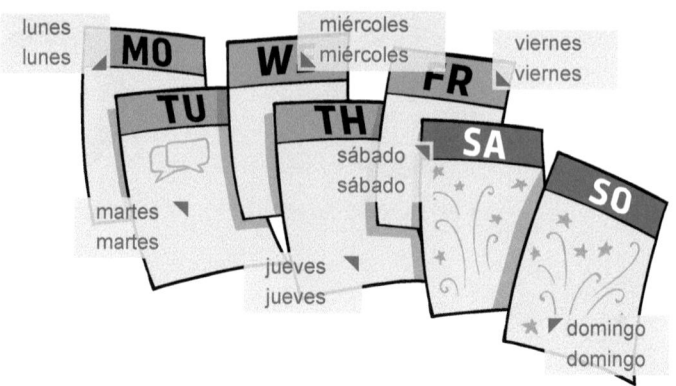

lunes
lunes

martes
martes

miércoles
miércoles

jueves
jueves

viernes
viernes

sábado
sábado

domingo
domingo

ayer
ayer

hoy
hoy

mañana
mañana

la mañana
mañana

el mediodía
mediodía

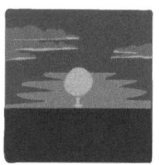

la tarde
tarde

MO	TU	WE	TH	FR	SA	SU
1	2	3	4	5	6	7
8	9	10	11	12	13	14
15	16	17	18	19	20	21
22	23	24	25	26	27	28
29	30	31	1	2	3	4

los días laborables
jornada de trabajo

MO	TU	WE	TH	FR	SA	SU
1	2	3	4	5	6	7
8	9	10	11	12	13	14
15	16	17	18	19	20	21
22	23	24	25	26	27	28
29	30	31	1	2	3	4

el fin de semana
fin de semana

el año
año

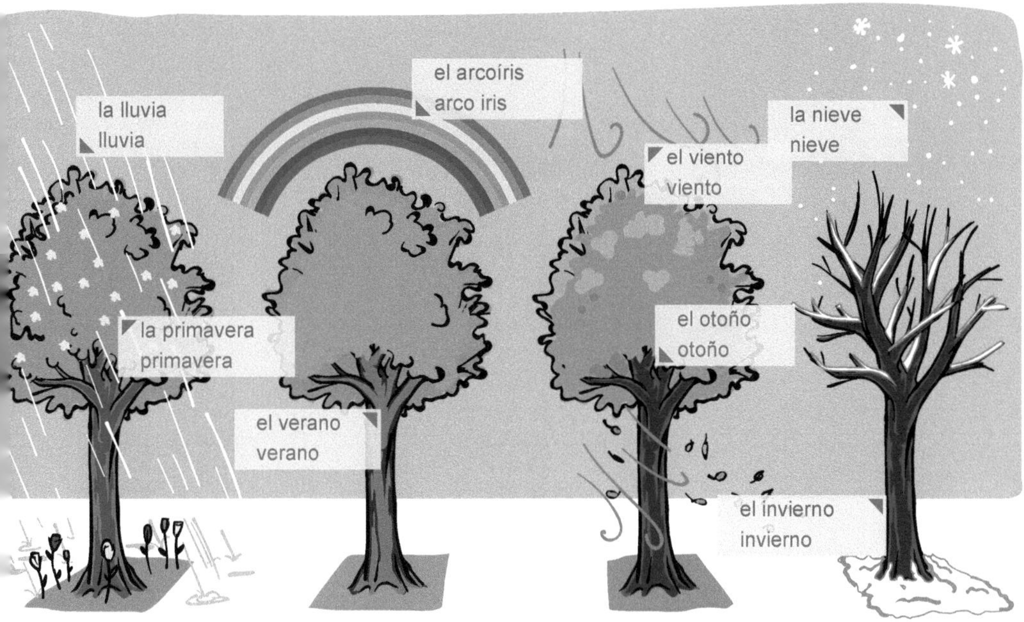

la lluvia
lluvia
el arcoíris
arco iris
la nieve
nieve
el viento
viento
la primavera
primavera
el otoño
otoño
el verano
verano
el invierno
invierno

4.APRIL 11°
5.APRIL 4°
6.APRIL 13°
7.APRIL 8°
8.APRIL 10°

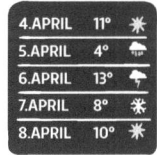

el pronóstico del tiempo

pronóstico meteorológico

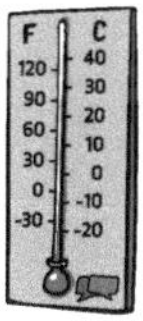

F
C
120
90
60
30
0
-30
40
30
20
10
0
-10
-20

el termómetro

termómetro

el sol

luz solar

la nube

nube

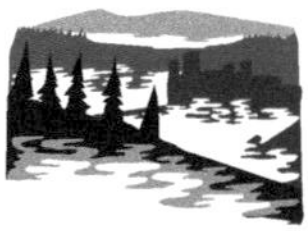

la niebla

niebla

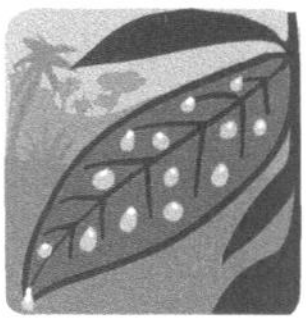

la humedad

humedad ambiente

el rayo

relámpago

el trueno

trueno

la tormenta

tormenta

el granizo

granizo

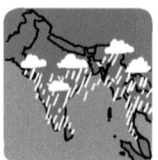

el monzón

monzón

la inundación

inundación

el hielo

hielo

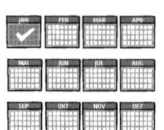

enero

enero

febrero

febrero

marzo

marzo

abril

abril

mayo

mayo

junio

junio

julio

julio

agosto

agosto

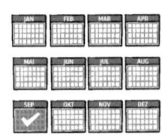

septiembre

septiembre

octubre

octubre

noviembre

noviembre

diciembre

diciembre

las formas

formas

el círculo

círculo

el cuadrado

cuadrado

el rectángulo

rectángulo

el triángulo

triángulo

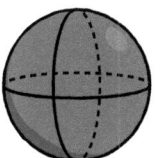

la esfera

esfera

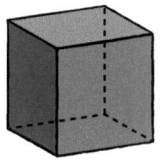

el cubo

cubo

blanco
....
blanco

amarillo
....
amarillo

anaranjado
....
anaranjado

rosa
....
rosa

rojo
....
rojo

morado
....
lila

azul
....
azul

verde
....
verde

marrón
....
marrón

gris
....
gris

negro
....
negro

mucho / poco
mucho / poco

enojado / tranquilo
enojado / calmado

bonito / feo
bonito / feo

principio / fin
comienzo / fin

grande / pequeño
grande / pequeño

claro / oscuro
claro / oscuro

el hermano / la hermana
hermano / hermana

limpio / sucio
limpio / sucio

completo / incompleto
completo / incompleto

el día / la noche
día / noche

muerto / vivo
muerto / vivo

ancho / estrecho
ancho / angosto

comestible / no comestible

disfrutable / no disfrutable

malo / amable

malo / amigable

entusiasmado / aburrido

excitado / aburrido

gordo / delgado

gordo / delgado

primero / último

primero / último

el amigo / el enemigo

amigo / enemigo

lleno / vacío

lleno / vacío

duro / blando

duro / suave

pesado / ligero

pesado / liviano

el hambre / la sed

hambre / sed

enfermo / sano

enfermo / saludable

ilegal / legal

ilegal / legal

inteligente / tonto

inteligente / tonto

izquierda / derecha

izquierda / derecha

cerca / lejos

cercano / lejano

nuevo / usado
nuevo / usado

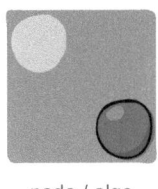

nada / algo
nada / algo

viejo / joven
viejo / joven

encendido / apagado
encendido / apagado

abierto / cerrado
abierto / cerrado

silencioso / ruidoso
bajo / fuerte

rico / pobre
rico / pobre

correcto / incorrecto
correcto / incorrecto

áspero / suave
áspero / liso

triste / contento
triste / alegre

corto / largo
breve / extenso

lento / rápido
lento / veloz

húmedo / seco
mojado / seco

cálido / frío
caliente / frío

guerra / paz
guerra / paz

0

cero

cero

1

uno

uno

2

dos

dos

3

tres

tres

4

cuatro

cuatro

5

cinco

cinco

6

seis

seis

7

siete

siete

8

ocho

ocho

9

nueve

nueve

10

diez

diez

11

once

once

12
doce

doce

13
trece

trece

14
catorce

catorce

15
quince

quince

16
dieciséis

dieciséis

17
diecisiete

diecisiete

18
dieciocho

dieciocho

19
diecinueve

diecinueve

20
veinte

veinte

100
cien

cien

1.000
mil

mil

1.000.000
el millón

millón

el inglés

inglés

el inglés americano

inglés estadounidense

el chino madarín

chino mandarín

el hindi

hindi

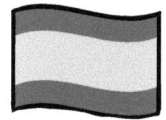

el español

español

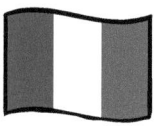

el francés

francés

el árabe

árabe

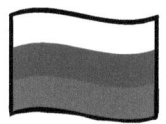

el ruso

ruso

el portugués

portugués

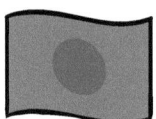

el bengalí

bengalí

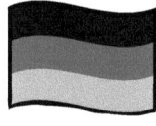

el alemán

alemán

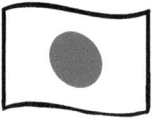

el japonés

japonés

yo
....
yo

tú
....
tú

él / ella / ello
....
él / ella

nosotros/as
....
nosotros

vosotros/as
....
vosotros

ellos/as
....
ellos

¿quién?
....
¿quién?

¿qué?
....
¿qué?

¿cómo?
....
¿cómo?

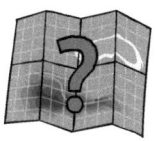

¿dónde?
....
¿dónde?

¿cuándo?
....
¿cuándo?

el nombre
....
nombre

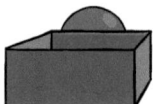

detrás
detrás

en
en

delante de
delante de

por encima de
encima de

sobre
sobre

debajo de
debajo de

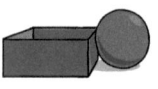

junto a
junto a

entre
entre

el lugar
lugar